AF602488

FEVR. 1886

VENTE

DES JEUDI 11, VENDREDI 12 et SAMEDI 13 FÉVRIER 1886

HOTEL DROUOT, SALLE N° 8

ORFÈVRERIE

BIJOUX — BOITES — TABATIÈRES

MONTRES — MINIATURES — OBJETS DE VITRINE

PORCELAINES

SCULPTURES — OBJETS D'ART

BRONZES — MEUBLES

LE TOUT PROVENANT DE

La Collection de M. le Comte de ***

EXPOSITION PUBLIQUE

LE MERCREDI 10 FÉVRIER 1886

de 1 heure à 5 heures.

Me Paul CHEVALLIER
COMMISSAIRE-PRISEUR
10, rue de la Grange-Batelière, 10

M. Ch. MANNHEIM
EXPERT
7, rue Saint-Georges, 7

CATALOGUE

DES PIÈCES

D'ORFÈVRERIE

Vidrecome, Plats, Soupière, Légumiers,
Corbeille, Sucriers, Saucières, Salières, Cuillers

BIJOUX — MONTRES — BOITES

Tabatières, Miniatures, Éventails, Objets de vitrine

Porcelaines de Chine, du Japon, de l'Inde, de Saxe, etc. — Faïences diverses

SCULPTURES

Marbres — Ivoire — Bois — Terres cuites

Objets orientaux et européens

Armes — Bronzes d'art et d'ameublement — Curiosités diverses

MEUBLES

Cabinets Louis XIII, Vitrine, Guéridon, Paravent
et Supports chinois, etc.

*Le tout provenant de la Collection de M. le Comte de ****

ET DONT LA VENTE AURA LIEU

HOTEL DROUOT, SALLE N° 8

Les Jeudi 11, Vendredi 12 et Samedi 13 Février 1886

A DEUX HEURES

Par le Ministère de Me PAUL CHEVALLIER, commissaire-priseur
10, rue de la Grange-Batelière, 10

Assisté de M. CHARLES MANNHEIM, expert
7, rue Saint-Georges, 7

EXPOSITION PUBLIQUE : Le Mercredi 10 Février 1886

DE 1 HEURE A 5 HEURES

CONDITIONS DE LA VENTE

Elle sera faite au comptant.

Les acquéreurs payeront en sus des enchères *cinq pour cent*, applicables aux frais.

L'exposition mettant le public à même de se rendre compte de l'état des objets, il ne sera admis aucune réclamation une fois l'adjudication prononcée.

Paris. — Imp. de l'Art. E. Ménard et J. Augry
41, rue de la Victoire, 41

DÉSIGNATION DES OBJETS

ORFÈVRERIE

1 — Vidrecome en argent à pourtour décoré au repoussé, d'une frise d'enfants jouant avec des guirlandes de fruits. Fond doré, ainsi que l'intérieur. Travail allemand.

2 — Corbeille ovale Louis XVI à deux anses têtes de béliers et à pourtour ajouré, décoré de colonnes enguirlandées, alternant avec des médaillons ovales contenant des attributs variés.

3 — Deux légumiers du commencement du siècle, en argent ciselé, à anses carrées, évidées, se terminant en feuilles de chêne. Le bouton des couvercles est formé d'une graine ; le bord, ainsi que celui des plateaux, est orné d'un rang de palmettes.

4 — Ceinture orientale avec grande plaque ovale, en argent ciselé, à décor de fleurs en relief.

5 — Deux saucières, de forme Louis XV, en argent repoussé et ciselé à fleurs et rocailles, anses contournées.

6 — Grande soupière ovale, de l'Empire, à deux anses; couvercle surmonté d'une couronne; bordure à feuilles d'eau ciselées.

7 — Grand plateau ovale, de l'Empire, à palmettes ciselées sur le bord.

8 — Corbeille à pain à anse et pourtour ajourés, avec bandes de feuillages ciselés au bord, au milieu et en bas.

9 — Deux plateaux carrés, à galerie en treillis ajouré surmontée d'un rang de perles; ils sont montés sur quatre pieds.

10 — Jolie aiguière et son bassin oblong en argent repoussé et ciselé, à fleurs, feuillages et rocailles. Travail allemand du XVIIIe siècle.

11 — Plat long à moulures et à bord contourné. Style Louis XV.

12 -- Deux plats ronds et creux, de même style.

13 — Plat rond, de l'Empire, orné sur le bord d'une raie de cœur.

14 — Plat ovale, à bord lobé, en argent estampé, à décor de fruits. Style Louis XIII.

15 — Autre, représentant une scène champêtre, avec marli à palmettes et rinceaux.

16 — Plat ovale à sujet allégorique en haut-relief, composé de quatre figures; le marli est chargé de mascarons et de rinceaux feuillagés.

17 — Plat long et creux à bords lobés à moulure, offrant au fond une partie convexe à palmes et ornements repoussés.

18 — Grand plat long et creux Louis XV, à rocailles sur le bord, entourées de fleurs ciselées et repoussées.

19 — Plateau rond décoré au repoussé de fleurs et de feuilles.

20 — Plateau rond en argent repoussé; au centre, saint Jérôme; au bord, frise de rinceaux et de tiges fleuries.

21 — Petit plateau à bordure ajourée.

22 — Deux bouteilles de chasse, carrées, en argent gravé à figures, armoiries, oiseaux et arabesques.

23 — Deux cerfs debout, formant salières, au milieu de plateaux ovales à bords festonnés, argent ciselé et filigrané.

24 — Deux flambeaux en argent, à base à pans ajourée et tige en torsade.

25 — Coffret à couvercle bombé, muni d'une poi-

gnée, en argent gravé, à décor de figures en costumes Louis XIII, d'armoiries et d'oiseaux; il est monté sur quatre pieds à têtes de dragons.

26 — Chope en argent offrant au pourtour un chiffre E. W. rapporté.

27 — Deux vases surmontés de fleurs s'ouvrant, en filigrane d'argent à ornements d'émail, avec bord formé d'une coquille en nacre sculptée. Travail chinois.

28 — Sucrier Empire à décor de palmettes, de feuilles de lierre et de couronnes de laurier. Le bouton du couvercle figure un papillon.

29 — Petit plateau long et quadrilobé, en argent gravé et doré à décor de fleurs.

30 — Deux tasses, deux soucoupes et deux cuillers en vermeil à fleurs gravées.

31 — Quatre salières Empire, à deux anses, la partie supérieure décorée en manière de vannerie, avec quatre petites pelles.

32 — Deux gobelets allemands, figurines de style Renaissance à longues jupes couvertes d'ornements.

33 — Huilier Empire à mascarons, draperies, feuillages et palmettes.

34 — Casserole en argent à filet orné de feuilles de chêne ciselées.

35 — Quatre salières rondes et un moutardier, de l'Empire, à trois montants formés de cygnes affrontés et posés sur les volutes de piliers, reliés par des galeries ajourées.

36 — Deux autres, de même époque, à bandeau ajouré et trois pieds, à figures d'amours affrontés et engainés.

37 — Deux salières rondes, Empire, à trois pieds, figures de bacchantes, et pourtour à palmettes ajourées.

38 — Salière double, Empire, à parois ajourées.

39 — Sucrier en argent ciselé, de l'Empire, forme vase Médicis, à anses terminées par des cariatides d'enfants vendangeurs, et à pourtour ajouré, représentant Bacchus et l'Amour, figures sans fond. Sur le couvercle, une figurine d'enfant moissonneur. Le culot du vase, godronné, est supporté par quatre dauphins reposant sur une base carrée à griffes.

40 — Six cuillers à manches courts, le cuilleron à figures et paysages.

41 — Ciseau à fruits en vermeil ciselé.

42-43 — Deux douzaines de cuillers en argent gravé et doré de Toula, à manches en torsades.

44 — Huit pelles à glace, à manches terminés par des figurines de femmes.

45 — Quatre autres, à manches à cariatides.

46 — Deux cuillers Louis XV, manches à rocailles, terminés par un cartel couronné et supporté par une figurine d'enfant.

47 — Deux petites cuillers à manches terminés par un mascaron dans un motif d'entrelacs.

BIJOUX — BOITES — OBJETS DE VITRINE

48 — Jolie boîte rectangulaire, à angles coupés, en or émaillé, décorée au pourtour de bandes vertes translucides sur fond guilloché, avec montants et bordure à palmettes et ornements sur fond turquoise. Le dessus représente un paysage. Travail genevois.

49 — Boîte ovale en jaspe sanguin, enrichie au fermoir de roses et de pierres de couleur.

50 — Boîte chantournée, de forme Louis XV, en argent gravé doré, et décorée de filets d'émail blanc, noir et turquoise.

51 — Jolie boîte Louis XV en émail de Saxe, fond blanc à figures, guirlandes et ornements en relief, émaillés et dorés.

52 — Autre boîte Louis XV en argent doré, ornée sur le couvercle d'un camée coquille représentant le Triomphe de Silène.

53 — Étui en porcelaine de Saxe, formé d'un bras de femme avec manche décorée de fleurs. Monture argent.

54 — Montre Louis XVI en or de couleur ciselé, enrichie d'une peinture sur émail avec entourage en jargons. Elle est au nom de Forestier, à Poitiers.

55 — Montre en cuivre gravé et doré, ornée d'une peinture sur émail : buste de jeune femme ressortant sur un fond d'émail bleu enrichi de rinceaux et de guirlandes en argent, rapportés et semés de jargons. Travail genevois.

56 — Montre en or, ornée d'une miniature portrait de femme, encadrée d'un rang de jargons.

57 — Montre Louis XV, à boitier bombé décoré extérieurement de deux peintures sur émail représentant des portraits d'homme et intérieurement de deux autres émaux, sujets de fantaisie.

58 — Jolie châtelaine en or ciselé, à cygnes et double

blason d'émail, à trois chaînettes supportant une clef, un cachet et une montre de dame en or ciselé, à rocailles, couronne comtale et fleurs de lis d'argent. (Le crochet de la châtelaine est en argent.

59 — Jolie montre de Genève en or, finement gravée et décorée d'émaux de couleur. Elle est en forme de mandoline.

60 — Deux petites aiguières-breloques en agate, avec montures en argent doré et émaillé.

61 — Étui en forme de poisson en argent gravé.

62 — Médaillon rectangulaire en or, offrant sur une face une miniature portrait d'homme et sur l'autre un chiffre et des guirlandes ajourées.

63 — Miniature ronde sur ivoire, jeune femme, la poitrine à découvert, tenant les plis d'un rideau.

64 — Autre miniature, portrait de femme à cheveux bruns, portant un diadème d'or et un voile de gaze.

65 — Boîte rectangulaire et contournée sur la face, en porcelaine de Saxe, à décor de scènes militaires en camaïeu rose. Monture en cuivre.

66 — Boîte rectangulaire, en porcelaine de l'Inde, décorée de fleurs et de fruits dans des médaillons ovales, en réserve sur fond granulé et émaillé vert d'eau. Monture en cuivre.

67 — Tabatière rectangulaire, en émail de Saxe, fond blanc à décor de fleurs en relief et émaillées en couleur. Monture en argent gravé et doré.

68 — Tabatière rectangulaire en argent ciselé, ornée sur toutes ses faces, de fleurs, de feuilles et de coquilles.

69 — Jolie boîte en forme de coffret à couvercle bombé, en argent fondu et ciselé à décor de jeux d'Amours, en bas-relief. Les côtés sont munis de poignées ; elle est montée sur quatre petites boules.

70 — Deux petites boîtes Louis XV, en argent repoussé, à figures et rocailles.

71 — Tabatière rectangulaire et plate, en argent ciselé et doré, à décor de fleurs et de feuillages, offrant sur le couvercle un très joli bas-relief en argent recouvert d'une glace : cerf poursuivi par un chien dans un bois. Travail de Kirstein de Strasbourg.

72 — Boîte rectangulaire en cuivre ciselé et doré, à bordures de rinceaux et médaillon, sur le couvercle, aux initiales J. M. C. R.

73 — Boîte circulaire en or à mille raies, semée de pois et bordée d'un rang de perles. Époque Louis XVI.

74 — Boîte rectangulaire à angles coupés, en or

ciselé, fond à mille raies semé de pois, avec cordon de perles alternant avec des feuillages en relief. Époque Louis XVI.

75 — Bracelet souple en or tressé simulant un ruban dont une extrémité se termine par un motif de feuillages enrichis de petits brillants.

76 — Bonbonnière ovoïde à couvercle plat, en émail cloisonné du Japon, à décor de fleurs en couleurs, ressortant sur un fond d'émail translucide.

77 — Deux miniatures rectangulaires sur vélin, l'une, représentant une femme blonde à sa toilette, se mirant dans une glace tenue par un page ; l'autre, une femme au repos dans un bois, caressant un chien.

78 — Miniature sur vélin représentant le Christ en croix, la Vierge et deux Saints, signée : Salvador Hidalgo, et datée 1611.

79 — Grande miniature ovale : portrait de Bernadotte, roi de Suède, dans un cadre en bronze ciselé et doré mat, à palmettes et surmonté de la couronne royale. Écrin en cuir doré au fer.

80 — Petit coffret à couvercle bombé, en fer gravé, à décor de treillis fleuronné.

81 — Pommeau de canne en émail de Saxe, formant boîte à couvercle décoré d'un sujet galant.

82 — Deux clefs à tête ajourée en bronze doré; une autre en argent à cariatides.

83 — Deux décorations.

84 — Grande miniature ovale : portrait d'une jeune femme en costume Louis XVI, tenant un livre d'une main et soulevant de l'autre les plis de sa jupe remplie de fleurs.

85 — Miniature rectangulaire de l'École italienne, représentant la Vierge et l'Enfant Jésus. Cadre en bronze.

86 — Deux peignes à galerie d'argent doré : l'un garni de coraux, l'autre de perles fausses.

87 — Deux grosses boucles de chaussure.

88 — Deux pendants d'oreilles, stras et argent.

89 — Montre Louis XVI, en or de couleur ciselé, à cuvette, représentant l'Autel de l'Amour, sous un édicule à colonnettes émaillées et enrichies de jargons.

90 — Petite montre de dame en or émaillé, décorée d'un côté d'une rosace et, de l'autre, d'une tête de femme, en profil, le front ceint d'un diadème enrichi de roses.

91 — Deux boutons de manchettes, agate rubanée, monture en or.

92 — Ancien crucifix espagnol, en or, à ornements d'émail.

93 — Bague d'or avec miniature ovale : portrait d'homme.

94 — Autre à chaton ovale, pavé de stras.

95 — Deux cachets-breloques en porcelaine, figurine et oiseau. Monture en or.

96 — Une breloque : Singe en Saxe avec camée.

97 — Autre : Graine sculptée et cachet.

98 — Flacon à odeur en argent gravé, orné de plaquettes de nacre.

99 — Flacon en cristal taillé à facettes avec monture en or émaillé.

100 — Pommeau de canne en argent, à rinceaux en relief.

101 — Étui en lave sculptée, figurant le Carquois de l'Amour.

102 — Petit coffret en bois dur, garni de poignées, charnières, fermoir et ornements appliques en argent.

103 — Châtelaine de style Louis XVI, en argent ajouré, ciselé et doré.

104 — Épingle de coiffure en or filigrané.

105 — Éventail Louis XV à monture d'ivoire sculpté, à figures et guirlandes peintes et dorées; la feuille peinte à la gouache représente un rendez-vous de chasse.

106 — Éventail en ivoire finement découpé à jour, les deux lames principales en cuivre doré.

107 — Éventail Louis XV à monture d'ivoire, sculptée à jour, peinte et dorée; feuille gouachée représentant une pastorale.

108 — Éventail du Directoire, à monture d'ivoire ajouré et feuille de soie représentant une gondole remplie de promeneurs et de musiciens.

109 — Éventail à monture de nacre ajourée, à figure et ornements dorés.

110 — Éventail genre vernis Martin, décoré de jeux d'enfants.

111 — Miniature ovale : portrait de femme, vue de de face, en robe blanche décolletée, avec écharpe à raies nouée sur la poitrine.

112 — Autre, plus petite : portrait de femme en costume Louis XV.

113 — Bague d'évêque, en or avec gros chaton pavé de strass et orné d'une améthyste.

114 — Autre, avec strass et topaze.

115 — Petit modèle de mandoline, plaquée d'écaille et enrichie d'incrustations de nacre, d'ivoire et de filets d'argent.

116 — Autre, de même travail.

117 — Couteau et fourchette à poignées d'ivoire délicatement sculptées, en forme de gaines, enlacées de pampre et surmontées de figurines d'enfants assis et adossés contre une coquille sous laquelle se voit un mascaron.

118 — Éventail chinois en ivoire sculpté et délicatement ajouré, offrant au centre un petit médaillon peint.

119 — Autre, plus petit, en ivoire, à sujet de cinq personnages finement peint et encadré de fleurs sculptées, sur fond ajouré.

120 — Jolie boîte rectangulaire en émail de Saxe, fond blanc, à décor de bouquets et de rinceaux fleuris en relief, en émaux de couleurs et dorure. Monture en argent.

121 — Boîte rectangulaire en ancienne porcelaine de Saxe, à décor de sujets galants finement peints, dans le goût de Watteau. Monture à ornements rocaille, en cuivre ciselé et gravé.

122 — Bonbonnière ronde en porcelaine de Saxe, décorée de paysages encadrés de rocailles et d'ornements gaufrés en relief. Monture en cuivre gravé et doré.

123 — Récipient à thé, formé d'un fruit monté en argent.

124 — Lot de petites appliques en cuivre, figures religieuses.

125 — Cinq appliques en métal argenté avec agates cabochons.

126 — Quatre flacons-tabatières en porcelaine de Chine, de couleurs variées.

127 — Trois autres, en pâte de verre à deux couches. Travail chinois.

128 — Deux petites boîtes en porcelaine du Japon, l'une formée d'une carpe, l'autre d'une poule.

129 — Vase fuselé, à pans et à deux anses prises dans la masse, reposant sur un socle quadrangulaire, le tout en cristal de roche, de travail chinois. Couvercle en bois découpé à jour.

130 — Flacon ovoïde, allongé, en cristal de roche, taillé à côtes et surmonté d'un couvercle en pointe, de même matière. Pied en argent doré et à décor de feuillages en émail blanc. Collerette analogue munie d'un bec à couvercle.

*

PORCELAINES DE CHINE

131 — Buire à décor mosaïque et médaillon en forme de feuille contenant une tige de fleurs.

132 — Paire de vases à couvercles, décorés de médaillons à figures en couleur, encadrés de rinceaux bleus et ressortant sur fond d'ornements dorés.

133 — Chimère à couverte d'émail rouge et violet, flambée.

134 — Deux potiches d'ancienne porcelaine de Chine, décorées en émaux de la famille verte, de fleurs et de branchages avec bordures et encadrements à rinceaux et treillis.

135 — Deux plats ronds à décor d'oiseaux en bleu, au fond, et de motifs de feuillages en rouge, or et vert sur le marli.

136 — Plat rond décoré de branchages et de fleurs, en bleu relevé d'or.

137 — Plat rond, décoré au centre d'une branche fleurie et, au marli, d'une sorte de lambrequin de feuillage et de guirlandes en bleu à rehauts d'or.

138 — Plat rond émaillé bleu poudré et décoré de rosaces et fleurs en dorure.

139 — Autre, bleu poudré et décoré d'une corbeille fleurie et de dessins mosaïques en dorure.

140 — Compotier décoré en émaux de la famille verte de buissons fleuris, avec double bordure.

141 — Deux assiettes fond noir, à fleurs et rinceaux en émaux de couleur, et deux réserves de fleurs à fond blanc.

142 — Plat rond décoré en émaux de couleur. Au fond, buisson de fleurs au milieu duquel se voit un oiseau. Près du bord, une bande de fleurs et d'arabesques.

143 — Plat à bord dentelé, décoré en émaux de la famille rose. Au fond, un bouquet; sur le bord, des fleurs variées se détachant sur un fond de petits rinceaux.

144 — Plat, offrant au fond un écusson armorié et sur le bord une guirlande alternant avec des bucranes et des oiseaux.

145 — Deux assiettes à décor de chrysanthèmes et de palmiers, en émaux verts, rouges et bleus, relevés d'or.

146 — Deux autres, décorées sur le fond d'une armoirie en rose carminé, sur la chute et sur le marli, de guirlandes en dorure.

147 — Deux petites assiettes creuses à personnages rayonnant autour d'un dragon.

148 — Deux autres, à gros feuillages en bleu et jaune, oiseaux et fleurs sur fond blanc.

149 — Assiette octogone à décor de fleurs et d'oiseaux en bleu, rose et dorure.

150 — Deux assiettes décorées en bleu, vert, rouge de cuivre et or; au fond, vase à fleurs monté sur roues et traîné par un cerf; au marli, deux galons de grecques en bleu, avec entre-deux de festons de fleurs en rouge de cuivre.

151 — Deux assiettes décorées en rouge de cuivre et dorure. Au fond, médaillon à scène familière; au bord, double frise d'ustensiles et de branchages.

152 — Deux petits plats décorés au fond de médaillons à figures, à la chute et au marli de fleurs et d'arabesques en émail blanc.

153 — Deux assiettes en porcelaine gaufrée, et décorées de corbeilles de fleurs et d'oiseaux.

154 — Petit plat octogone, décoré en émaux de la famille verte. Au fond, arbustes et oiseaux. Au marli, réserves à papillons et sauterelles sur fond piqueté de noir et orné de fleurs.

155 — Deux plats ovales à bord contourné. Le fond représente une femme assise sur une terrasse, en émaux de couleur. Le marli est chargé de guirlandes et de rubans ondulés, en bleu repiqué d'or.

156 — Deux plats ronds décorés en émaux de la famille rose. Au fond, des pivoines, des vases, un kakemono déroulé. Au marli, un lambrequin à motifs de fleurs sur fond bleu lapis, alternant avec des motifs de grecques sur fond rose.

157 — Grand plat rond décoré en bleu, de fleurs et de paysage rehaussés d'or, et surdécoré de bandes à fond de laque noir avec figures et oiseaux dorés.

158 — Plat rond décoré en émaux de couleur. Au fond, une grosse fleur; au marli, trois bouquets alternant avec des insectes.

159 — Grand plat rond décoré en bleu, rouge de cuivre et or. Au fond, une jardinière, remplie de fleurs, est encadrée d'une belle guirlande; au marli, des branches de fleurs.

160 — Grand plat rond décoré en émaux de couleurs d'oiseaux et de fleurs, avec bordure à fleurs sur fond bleu, coupée par quatre réserves occupées par des poissons, des écrevisses, etc.

161 — Plat rond en vieux Chine, à décor de fleurs

en émaux de couleurs. Cadre en bois sculpté noir et or.

162 — Deux coqs qui chantent, en blanc de Chine, à crêtes émaillées rouge.

163 — Deux grosses potiches à couvercles, en Chine moderne, à décor de fleurs en or sur fond d'émail vert pâle.

164 — Plat rond décoré en émaux de la famille verte, d'une rosace centrale d'où s'échappent quatre tiges fleuries.

165 — Plat rond décoré au fond de pivoines en émaux roses, verts et dorure ; au marli, de motifs de fleurs en émail blanc.

166 — Plat rond décoré en émaux de la famille verte, d'un fouillis de plantes fleuries où voltigent des papillons.

167 — Deux soucoupes décorées de figures en émaux de couleur.

168 — Deux autres, à corbeilles, en rouge de cuivre.

169 — Un cornet et deux vases côtelés, à décor bleu, se composant d'un large lambrequin. Monture en bronze.

170 — Grosse potiche décorée en bleu de fleurs et d'arabesques, courant sur toute la panse. A l'épaulement, large lambrequin.

171 — Jardinière formée par un crapaud, en porcelaine émaillée vert et parsemée de points d'émail blanc.

172 — Deux vases cylindriques, rétrécis en haut, en Chine, à couvercle rouge corail et décor de dragons en dorure.

173 — Pitong cylindrique à dragons, flots et flocons de nuages émaillés blanc, en relief, sur fond bleu.

174 — Gourde à deux anses en porcelaine de Chine, couleur bronze. Socle en bois.

175 — Divinité en blanc de Chine. Sur socle en bois.

176 — Deux pots sphériques, l'un fond rose, l'autre fond jaune et à décor de fleurs.

177 — Deux vases, gourdes à deux renflements, en porcelaine de Chine émaillée bleu uni.

178 — Deux petites bouteilles en même porcelaine.

179 — Deux tasses et leurs soucoupes en ancienne

porcelaine de Chine, coquille d'œuf, décorées de scènes familières en émaux de couleurs, encadrées de rinceaux dorés.

180 — Deux tasses hautes et soucoupes en Chine semblables de décor, et une tasse avec soucoupe à bords festonnés, à larges feuilles en émaux polychromes.

181 — Deux assiettes décorées en émaux de la famille rose ; au fond, des paons et des pivoines ; sur le marli, une bordure à fleurs et œils de perdrix.

182 — Deux assiettes offrant au fond un bouquet de chrysanthèmes en bleu relevé d'or, et, au marli, de fleurs arabesques émaillées blanc.

183 — Six assiettes en Chine, variées de décor.

PORCELAINE ET POTERIE DU JAPON

184 — Deux statuettes de femmes japonaises en porcelaine du Japon décorée en bleu, rouge et or.

185 — Grande gourde à deux renflements en poterie du Japon, fond rouge avec médaillons à fleurs et oiseaux.

186 — Deux pitongs à fleurs et oiseaux polychromes à rehauts d'or, avec monture en bronze de style chinois.

187 — Deux vases carrés en poterie émaillée moderne; anses à anneaux mouvants, décor à chimères et ornements en relief.

188 — Grand plat rond, moderne, à décor de fleurs, de style chinois.

189 — Grand plat rond, moderne, à décor en bleu, rouge et or, de style japonais.

190 — Petite coupe en poterie du Japon finement décorée de divisions à figures, paysages et fleurs, avec fond rouge couvert d'arabesques d'or.

191 — Plat rond en poterie du Japon à décor très fin, encre de Chine, rouge et or; au fond, un paysage; sur le bord, une frise à nombreuses figures.

192 — Plat rond en porcelaine du Japon, décoré de cinq médaillons à figures, en rouge et or.

193 — Très grand plat rond en Japon moderne, décoré en bleu et surdécoré en laque noir et or de médaillons circulaires répartis autour d'un vase à fleurs posé sur un chariot.

194 — Grand plat rond en Japon moderne, paysage et oiseaux en bleu à rehauts d'or.

195 — Autre de même porcelaine, décoré en bleu : cages et arbres.

196 — Plat moyen à motifs de fleurs et bandes rayonnantes en bleu, rouge et or. Moderne.

PORCELAINES DE L'INDE

197 — Deux soupières en porcelaine de l'Inde émaillées en couleur, à rehauts d'or, et ayant la forme de têtes de sangliers.

198 — Cygne en même porcelaine, formant soupière, à plumage multicolore en émaux de couleur avec rehauts d'or.

199 — Plat rond à poisson avec sa tablette percée de petits trous, en porcelaine de l'Inde décorée de fleurs.

200 — Plat rond à bord contourné, en porcelaine de l'Inde, décoré au fond d'oiseaux aquatiques et au marli de branches de fleurs.

201 — Paire de vases en forme d'urnes Louis XVI, en porcelaine de l'Inde, à deux anses, décorés de médaillons à paysages et de guirlandes en relief, émaillés rouge et relevés d'or.

202 — Paire de vases à couvercles en forme de

balustre à panse aplatie, en porcelaine de l'Inde à décor de corbeilles de fleurs et de papillons et de motifs d'encadrements : festons de pampres en relief. Anses formées de dragons.

203 — Curieux vase en porcelaine de l'Inde, en forme de balustre à panse aplatie, simulant une façade d'habitation aux fenêtres de laquelle apparaissent des figurines en ronde bosse. Les anses sont formées également de figurines debout sur une chimère. Les côtés des vases, le col et le pied sont ornés de motifs de fleurs en réserve sur un fond rouge clathré d'or.

204 — Trois réchauds à eau chaude et deux plats creux décorés de fleurs et d'ornements polychromes rehaussés d'or.

205 — Six assiettes à décor dit européen, représentant le Jugement de Pâris.

206 — Deux autres à médaillon dessiné par hachures d'encre de Chine et représentant une femme cousant.

207 — Assiette analogue, à sujet représentant un conte de La Fontaine.

PORCELAINES DE SAXE ET AUTRES

208 — Deux figurines en porcelaine de Saxe : jeunes filles assises, l'une jouant du violoncelle, l'autre de la cithare.

209 — Deux figurines semblables : petit garçon pressant une grappe de raisin dans une coupe.

210 — Vase ovoïde, le corps en porcelaine ancienne de Saxe décoré de vues de ville, le col, les anses et le piédouche en bronze.

211 — Deux flacons carrés à thé, en porcelaine de Saxe gaufrée, l'un à décor de fleurs, l'autre orné d'oiseaux et de papillons.

212 — Deux assiettes en Saxe gaufré, à décor de fleurs et ornements dorés sur le marli.

213 — Poule couveuse, formant soupière, en porcelaine de Saxe, Marcolini, décorée au naturel.

214-215 — Deux douzaines de couteaux à manches en porcelaine à décor de rinceaux, en bleu, rouge et or.

216 — Deux médaillons circulaires, en biscuit, à fond bleu, représentant Napoléon et Marie-Louise, en buste.

217 — Théière en porcelaine à décor Louis XVI, médaillons à fleurs reliés par des guirlandes.

218 — Petite casserole couverte en porcelaine décorée de fleurs.

219 — Deux vases à anses formées de branchages et figurines en relief, décorés dans le goût chinois.

220 — Beurrier formé par un homard en porcelaine d'Allemagne.

221 — Grande coupe couverte, en porcelaine moderne, décorée dans le goût japonais à grosse rosace polychrome, rehaussé d'or avec monture en bronze assortie au décor.

222 — Deux vases côtelés en Saxe, décorés de médaillons à sujets, d'ornements dorés et à couvercles surmontés d'aigles en ronde bosse.

223 — Deux coupes, vide-poches, formées de tasses en ancienne porcelaine de Saxe, à décor dans le goût chinois, avec montures en bronze.

224 — Groupe en vieux Saxe : le bourreau du roi Salomon tenant l'enfant et levant son épée.

225 — Quatre figurines d'Amours travestis, en porcelaine de Vienne.

226 — Oiseau perché sur un tronc d'arbre. Saxe.

227 — Hussard à cheval, en porcelaine d'Allemagne.

228 — Le Petit Docteur, même porcelaine.

229 — Figurine de chasseur au repos, en ancienne porcelaine de Chelsea.

230 — Petite théière à fleurs en Saxe Marcolini.

231 — Petite marmite à couvercle, à décor de fleurs.

232 — Deux assiettes genre Capo di Monte, à figures et guirlandes en relief, émaillées en couleur et relevées d'or.

233 — Plat en porcelaine de Saxe à sujet militaire, avec bordure à rinceaux d'or.

234 — Plateau carré en Saxe, à bordure gaufrée en vannerie et décor d'oiseaux.

235 — Plat long, lobé, à deux anses aux extrémités, en Saxe à décor d'arbustes fleuris et d'oiseaux dans le goût japonais.

FAIENCES

236 — Coupe en ancienne faïence de Gubbio, à décor bleu et jaune à reflets métalliques mordorés et bleu nacré. Au fond, un médaillon convexe représentant Saint Sébastien. Sur le bord, une zone de feuillages en relief alternant avec des bossages.

237 — Deux grands bustes allégoriques : l'Été et l'Automne, en terre émaillée dans le style des della Robbia, sur socles quadrangulaires marbrés.

238 — Bas-relief en terre émaillée : la Vierge et l'Enfant Jésus, en faïence espagnole.

239 — Deux plats ronds en faïence de Delft, médaillons à figures encadrés d'ornements rouges et bleus.

240 — Plat décoré en camaïeu, scène Louis XVI. Signé : Euzebio.

241 à 243 — Trois coupes godronnées et à bossages, en faïence italienne.

244 — Plat de Venise à fond d'émail bleu d'empois à figure de Saint avec bordure de fleurs en relief, vertes et jaunes.

245 — Vase à couvercle et à quatre petites anses, en faïence espagnole, décorée d'ornements à reflets métalliques.

246 — Deux vases en même faïence, fond bleu et décor à reflets métalliques.

247 — Deux vases émaillés bleus, en faïence de Deck, accompagnés de deux lampes Carcel.

248 — Grande cruche à ouverture trilobée, en faïence espagnole, à décor polychrome, à reflets métalliques, consistant en figures, corbeille de fruits, arbres, etc.

249 — Fontaine en faïence émaillée, représentant une statuette de Bacchus à califourchon sur un tonneau.

250 — Plat long à bord contourné, en faïence de Moustiers, à décor en bleu dans le goût de Berain, bustes, figures et rinceaux.

251 — Dix assiettes en faïence de Moustiers, décorée en bleu, au centre, d'une tige fleurie; au bord, de filets et de rinceaux.

252 — Saladier côtelé, à décor de fleurs.

253 — Plat à mascarons, marguerites et rinceaux ajourés, en terre émaillée à l'imitation de Palissy.

254 — Bouteille en faïence italienne, à feuillages et médaillon aux initiales du Christ.

255 — Cruche italienne en terre émaillée, à coquilles, roseaux et reptiles en relief.

256 — Deux vaches en faïence hollandaise, à décor polychrome.

257 — Plaque ovale en terre émaillée, tête d'homme, de profil, en bas-relief.

258 — Deux plats en faïence espagnole, à reflets cuivreux sur fond d'émail jaunâtre.

259 — Un autre, à reflets métalliques et ornements bleus.

260 — Grand plat à décor polychrome d'oiseaux et d'œillets, dans le style de Rouen.

261 à 267 — Sept plats en faïence de Rhodes, décorés en émaux de couleurs, à rosaces, gerbes de fleurs, figures, etc.

268 — Bas-relief rectangulaire en faïence de la Perse, représentant deux cavaliers et un personnage assis sur un trône.

269 — Plat rond en faïence portugaise; au fond, chasse au lion, en bleu, dans une double bordure.

270 — Plat rond en faïence de Talavera, représentant une fontaine, en bleu et rouge.

271 — Assiette, même faïence, à figure, en jaune sur fond bleuâtre.

272 — Plat ovale en terre émaillée, de Pull : le Triomphe de Bacchus enfant.

273 — Deux plats ronds, variés de décor, en faïence italienne moderne à reflets métalliques.

OBJETS D'ART DE L'ORIENT

274 — Paire de vases ovoïdes en émail cloisonné du Japon à fond noir et décor d'oiseaux.

275 — Divinité chinoise en bois sculpté, laqué et doré; personnage assis, les jambes croisées, sur la fleur du nélumbo, supportée par une base à degrés ornés.

276 — Pierre de lard. — Statuette de guerrier debout, la main au sabre, stéatite sculptée, gravée et teinte en plusieurs couleurs. Travail chinois.

277 — Jade blanc. — Figurine d'homme debout, les mains croisées sur la poitrine.

278 — Deux cylindres en émail cloisonné de la Chine, à riche décor de bouquets de fleurs variées et de papillons en émaux de couleur sur

fond turquoise. (Ils peuvent servir de corps de lampes.)

279 — Petite boîte en forme de baril à pans, en laque du Japon, à décor de fleurs et plantes en or sur fond aventuriné.

280 — Deux cigognes en émail cloisonné de la Chine à fond blanc; au bec sont adaptés des flambeaux. Les socles sont chargés d'arabesques sur fond turquoise.

281 — Triptyque chinois en bois laqué noir et renfermant trois statuettes de divinités en bois peint et doré.

282 — Boîte à trois compartiments en laque du Japon, à décor de branchages sur fond aventuriné.

283 — Grande boîte lenticulaire en laque rouge de Pékin, à personnages, grecques et arabesques en relief.

284 — Brûle-parfums en bronze de la Chine, formé d'une chimère.

285 — Autre représentant un personnage à cheval sur un mulet caparaçonné.

ARMES

286 — Poignard à poignée en ivoire sculpté à médaillon représentant un empereur d'Allemagne.

287 — Paire de pistolets Louis XIV, à pierre, garnis en argent ciselé, à cartels, trophées d'armes, etc.

288 — Pistolet oriental à monture revêtue de feuilles d'argent niellé.

289 — Hache persane à fer en damas damasquiné d'or et hampe recouverte d'arabesques d'argent.

290 — Masse d'armes, à fer garni de six ailerons, douille damasquinée d'or, et manche revêtu de feuilles d'argent.

291 — Fer d'arme d'hast de la Chine, en forme de fourche flamboyante.

292 — Épée à lame gravée à figures, inscriptions et date 1657; poignée en bronze doré, la fusée formée d'un lion héraldique, les quillons courbés en sens inverse et se terminant en têtes d'oiseaux.

293 — Poignard persan à lame légèrement courbée, à gorge d'évidement; poignée et garniture de fourreau gravées et niellées.

294 — Yatagan turc à poignée et garniture de fourreau en argent ciselé.

295 — Fusil à deux coups à canons décorés d'ornements d'or, au nom de *Boutet directeur artiste, manufacture de Versailles;* monture en bois sculpté, garniture en argent ciselé à mascarons, têtes de bélier, fruits, feuillages, etc.

296 — Épée à poignée décorée de mascarons et de rinceaux.

297 — Bouclier en fer gravé, à bandes d'ornements radiés.

SCULPTURES

298 — Marbre blanc. — Beau bas-relief ovale représentant le Repos de la Sainte Famille. XVIIe siècle. Cadre en bois sculpté et doré du temps.

299 — Marbre blanc. — Deux têtes de chérubins en ronde bosse; gracieux travail du XVIIIe siècle.

300 — Deux bustes-appliques, l'un en rouge antique, l'autre en jaune antique.

301 — Curieux bas-relief, rectangulaire en largeur, sculpté sur marbre à deux couches et représentant des groupes d'enfants en rouge antique se

détachant sur un fond verdâtre. Cadre en bois sculpté à cartels et palmettes. XVIIe siècle.

302 — IVOIRE. — Figurine de fillette debout, tenant une guirlande de fleurs.

303 — IVOIRE. — Figurine de vieillard tenant un trousseau de clefs et debout sur une grappe de raisin posée dans un plat.

304 — BOIS. — Deux statuettes de mendiants en bois sculpté : « Le Roi et la Reine ».

305 — BOIS. — Deux groupes en bois sculpté, composés chacun de deux personnages de la Fable. XVIIIe siècle.

306 — TERRE CUITE. — Statuette d'Arlequin, signée Ch. Massé.

307 — MARBRE BLANC. — La Vénus accroupie, jolie statuette d'après l'antique.

308 — IVOIRE. — Bas-relief rectangulaire représentant des jeux d'enfants bacchants. Cadre à moulures noires et entre-deux plaqué d'écaille et d'ivoire gravé.

309 — IVOIRE. — Bas-relief en forme de frise, représentant six enfants nus, jouant sous les arbres. Cadre en bois noir.

310 — Marbre tendre. — Deux bustes de cardinaux, bas-reliefs appliqués sur fond d'ardoise.

311 — Jaune de Sienne. — Deux médaillons bas-reliefs, Solon et Archytas.

312 — Bois sculpté. — Deux bas-reliefs : l'un représentant un laboureur agenouillé rendant des actions de grâces au soleil ; l'autre une paysanne filant et deux enfants dont l'un tient un petit chien. Travail du xviiie siècle.

313 — Bois sculpté. — Cadre à tore de lauriers, placé entre une feuille d'eau et un ruban enroulé en spirale.

314 — Bois sculpté. — Petit cadre Louis XIV à feuillages et torsade.

315 — Lot de cadres dont plusieurs sculptés.

OBJETS VARIÉS EUROPÉENS

316 — Tableau en ancienne tapisserie italienne, représentant la Vierge et l'Enfant Jésus.

317 — Deux réflecteurs circulaires en mosaïque de glaces de couleurs étamées.

318 — Deux plats en mosaïque de nacre enrichis de cabochons en verroterie.

319 — Deux bouteilles vénitiennes en verre rubis, revêtues d'une enveloppe de cuivre, à figures, armoiries et ornements découpés à jour.

320 — Aiguière en verre de Bohême couleur rubis et bleu lapis à filets d'émail blanc et décor en dorure.

321 — Deux urnes Louis XVI, en tôle peinte et vernie, à sujets champêtres sur fond noir.

322 — Deux cadres de style Louis XIII, en bois noir garnis de plaquettes et d'ornements en cuivre et contenant deux peintures anciennes d'éventail.

323 — Petit animal en verre incolore de Bohême.

324 — Peinture sur verre : la Cruche cassée, d'après Greuze ; cadre en bois sculpté.

325 — Grande pipe en verre incolore de Bohême.

326 — Petit socle carré, marbre noir, garni de bronzes dorés. Empire.

327 — Petit modèle d'armure complète en cuivre doré, dans le style du XVIe siècle.

328 — Crucifix en argent, appliqué sur un fond de bois noir placé dans un cadre ovale à guirlandes de fleurs en bois sculpté et doré.

329 — Cruche en verre de Bohême à décor de guirlandes et devises sur fond blanc opalin. Couvercle d'étain.

330 — Trois vases composés de noix de cocos montées en argent.

331 — Brûle-parfums ayant la forme d'un dromadaire en damas damasquiné d'or. Au cou de l'animal est suspendu un grelot. Travail persan.

332 — Deux vases persans en fer ciselé couverts de fleurs et d'arabesques damasquinés d'or. Le col est ceint d'un anneau d'où partent quatre anses courbes retombant sur la panse.

333 — Eau-forte de Boissieu : le Passage du gué.

334 — Gravure par Laurent, d'après Berghem : l'Occupation de la bergère.

335 — Six gravures en deux cadres : Portraits de peintres italiens.

BRONZES D'ART ET D'AMEUBLEMENT

336 — Deux bas-reliefs en bronze : Anges qui chantent, dans le style de Lucca Della Robbia. Cadres en velours rouge.

337 — Statue en bronze : Vénus au bain, d'après Allegrain.

338 — Groupe de lutteurs, bronze ancien, d'après l'antique, sur piédestal carré, en brocatelle d'Espagne.

339 — Atlas, statuette en bronze du XVIe siècle, placée sur fût de colonne à pans en bois noir.

340 — Statuette de faune debout, tenant un cep de vigne et une grappe de raisin; bronze finement ciselé à patine claire.

341 — Groupe en bronze : la Permission de dix heures.

342 — Statue équestre de Napoléon Ier.

343 — Statuette de Mercure, d'après Jean de Bologne, bronze à patine brune ; la main levée tient une lampe d'argent à deux becs ornés de mascarons saillants. XVIIIe siècle.

344 — Deux consoles-appliques à têtes de faunes en bronze doré.

345 — Petite pendule Louis XVI en marbre blanc, à cadran flanqué de colonnettes et surmonté d'une figurine de bronze.

346 — Coffret en galvano.

347 — Paire de flambeaux anciens formés de figurines d'enfants supportant les lumières et placées sur socles cylindriques en marbre turquin.

MEUBLES

348 — Beau cabinet Louis XIII, à tiroirs et porte centrale ornée de colonnes détachées, entièrement plaqué d'écaille et d'ébène incrusté de filets de cuivre décrivant des festons et garni d'appliques en bronze doré, entrées de serrure et ornements. Il est surmonté d'une galerie à balustres de cuivre, interrompue au milieu de la façade par un cadre à fronton, contenant une plaque de cuivre repoussé représentant la Vierge et l'Enfant Jésus. Sur le fronton se dresse une statuette de la Renommée en bronze doré. Une autre figurine de bronze est placée dans une niche pratiquée dans la porte. Ce meuble repose sur une table à tiroirs, de travail et de décor analogues, supportée par six pieds formés de colonnes torses.

349 — Cabinet italien Renaissance, à montants et corniche décorés de figures en ronde bosse, ouvrant au moyen d'un abattant qui découvre de nombreux tiroirs et des réduits à secret. Il repose sur une table à tiroir et à pieds tors.

350 — Table Louis XVI en bois sculpté, peint en noir et doré.

351 — Deux tabourets de piano à siège en peluche rouge et soie brochée, supportés par des statuettes de négrillons.

352 — Deux fauteuils en X à dossiers, en bois noir, incrustés de rosaces et de plaquettes en ivoire gravé. Travail italien.

353 — Tabouret carré de même travail.

354 — Support chinois en bois de fer sculpté à feuillages et ornements ajourés et à pieds ornés de têtes chimériques et se terminant en griffes.

355 — Jolie vitrine plate, en forme de guéridon-trépied, à ornements Louis XVI en bois sculpté et doré.

356 — Paravent chinois à quatre feuilles décorées en broderie de soie de couleur et de fils d'or et représentant chacune une scène à deux personnages ressortant en relief sur fond bleu.

357 — Petit encrier en marqueterie de cuivre.

358 — Trois paires de consoles-appliques en bois doré.

359 — Guéridon formé d'une statuette de négrillon en bois peint, supportant une tablette en marbre griotte.

360 — Deux consoles-appliques en bois sculpté, la tablette supportée par une figurine de négrillon.

361 — Miroir rectangulaire, cadre en bois sculpté et doré.

362 — Deux colonnes en acajou à cannelures et moulures de cuivre.

363 — Deux tabourets-supports carrés et à quatre pieds en bois de fer sculpté.

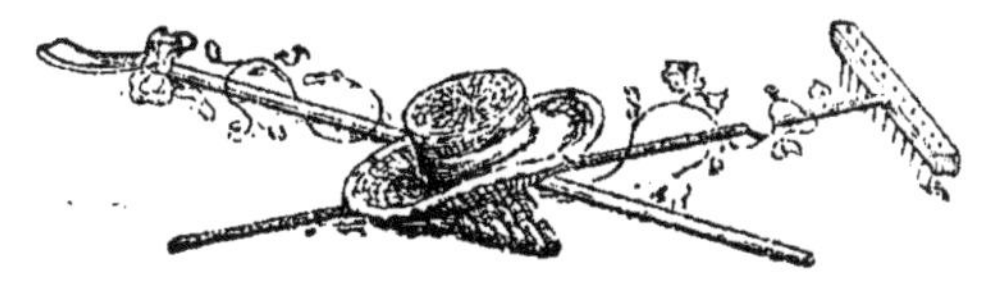

www.ingramcontent.com/pod-product-compliance
Ingram Content Group UK Ltd.
Pitfield, Milton Keynes, MK11 3LW, UK
UKHW020450180726
13839UKWH00004B/1732